Movimento socialista
e partidos políticos

Florestan Fernandes

Movimento socialista
e partidos políticos

1ª edição
Expressão Popular
São Paulo – 2021

Copyright © 2021 by Editora Expressão Popular

Revisão: *Geraldo Martins de Azevedo Filho*
Projeto gráfico e diagramação: *ZAP Design*
Capa: *Gustavo Motta*
Impressão e acabamento: *Paym*

Dados Internacionais de Catalogação na Publicação (CIP)

F363m   Fernandes, Florestan

Movimento socialista e partidos políticos / Florestan Fernandes. – São Paulo : Expressão Popular, 2021.
91 p.

ISBN: 978-65-5891-021-3

1. Socialismo. I. Título.

CDD: 335
CDU: 32

And Books: André Queiroz – CRB-4/2242

Todos os direitos reservados.
Nenhuma parte deste livro pode ser utilizada
ou reproduzida sem a autorização da editora.

1ª edição: maio de 2021

EDITORA EXPRESSÃO POPULAR
Rua Abolição, 201 – Bela Vista
CEP 01319-010 – São Paulo – SP
Tel: (11) 3112-0941 / 3105-9500
livraria@expressaopopular.com.br
www.expressaopopular.com.br
 ed.expressaopopular
 editoraexpressaopopular

SUMÁRIO

Nota editorial 7

Apresentação 11
Ronaldo T. Pagotto

Movimento socialista e partidos políticos 17

NOTA EDITORIAL

Às vésperas de comemorar 40 anos, em fevereiro de 2021, o ANDES-SN (Sindicato Nacional dos Docentes das Instituições de Ensino Superior) estabelece uma parceria com a Editora Expressão Popular para fortalecer a perspectiva da produção clássica e crítica do pensamento social.

O movimento docente das instituições de Ensino Superior no Brasil teve início em um ambiente hostil para a liberdade de expressão e associação do(a)s trabalhadore(a)s, pois era o período de enfrentamento à ditadura civil-militar (1964-1985). Foi nesse período que a Associação Nacional dos Docentes de Ensino Superior, a ANDES, nasceu. Um processo de criação calcado em uma firme organização na base, a partir das Associações Docentes (AD), que surgiram em várias universidades brasileiras a partir de 1976. Após a Constituição Federal de 1988, com a conquista do direito à organização sindical do funcionalismo público, a ANDES é transformada em o ANDES-SN, sindicato nacional. Toda a sua história é marcada pela luta em defesa da educação e dos direitos do conjunto da classe trabalhadora, contra os autoritarismos e os diversos e diferentes ataques à educação e à ciência e tecnologia públicas. Também é marca indelével de sua história a defesa da carreira dos/as professores/as e de condições de trabalho dignas para garantir o tripé ensino-pesquisa-extensão.

A luta da ANDES e, posteriormente do ANDES--SN, sempre foi marcada por uma leitura materialista e dialética da realidade. As análises de conjuntura que sistematicamente guiaram as ações tanto da associação quanto do sindicato sempre assumiram como base os grandes clássicos da crítica à Economia Política. Valorizá-los neste momento não é olhar o passado, muito ao contrário, significa fortalecer as bases que nos permitem fazer prospecções sobre a conjuntura e preparar-nos para a ação vindoura.

Em tempos de obscurantismo e de ascensão da extrema-direita, de perseguição à educação pública e aos/às educadores/as, de mercantilização da educação e da ciência e tecnologia, de desvalorização do pensamento crítico, de tentativa de homogeneização da ciência e de criminalização dos que lutam, ousamos resistir, ousamos lutar, nas ruas e também na disputa de corações e mentes. Por isso, ao celebrar os 40 anos de luta do ANDES-SN, a realização dessa parceria, que divulga e revigora a contribuição de pensadores/as clássicos/as, fortalece nossa perspectiva crítica e potencializa nossas lutas.

Reafirmar nosso compromisso com a defesa intransigente da educação pública, gratuita, laica, de qualidade, socialmente referenciada, antipatriarcal, antirracista, anticapacitista, antimachista, antilgbtfóbica é uma das tarefas centrais do atual tempo histórico. Não há melhor forma de reafirmar nosso compromisso do que lançar luz às questões centrais do capitalismo dependente, dar visibilidade à luta de classes e à necessária construção de um projeto de educação emancipatório.

***

Gostaríamos de agradecer à família de Florestan Fernandes que, na pessoa de Florestan Fernandes Júnior, gentil e solidariamente nos cedeu os direitos de publicação desta obra. Apesar desta fala ter sido proferida em fins dos anos 1970, é marcante a atualidade das reflexões do professor Florestan Fernandes e os desafios colocados às forças populares, aos de baixo, seguem vigentes e urgentes.

Com essa publicação, esperamos contribuir para a construção de força social para a transformação da realidade brasileira.

Diretoria Nacional do ANDES-SN
(Gestão 2018-2020)
Expressão Popular
Brasília/São Paulo, 2020.

APRESENTAÇÃO

Ronaldo T. Pagotto[1]

Apresentamos um texto excepcional do Florestan Fernandes. De modo geral, já o conhecemos como um dos mais importantes pensadores brasileiros; em particular porque aliou fidelidade à origem de classe, porque tornou-se referência maior da Sociologia crítica, porque nos legou uma vasta obra aliando estudo cuidadoso da nossa formação econômica, social e histórica com um olhar aguçado de estudioso marxista que foi.

Este texto é a transcrição de uma fala realizada em 1978. Estávamos no período de crise do regime ditatorial, da derrota da luta armada e as fagulhas do sindicalismo do ABC estavam se apresentavam com força. É observando este movimento do mundo real que Florestan comenta a crise da ditadura e faz um alerta: a crise pode ser a antessala da

---

[1] Integra a Consulta Popular e é membro do Conselho Editorial da Expressão Popular.

queda, mas somente se for acompanhada de uma poderosa força política de massas que entre em cena. Observou, ainda, a necessária cautela com o que seria uma análise muito otimista com relação a essa queda do regime civil-ditatorial. A partir desta realidade, adentra em conceitos, ideias e análises complexas com didática e clareza impressionante. O resultado é um texto poderoso; uma síntese sobre temas caros à luta revolucionária.

Trata-se de uma contribuição em um período que viria a ser da transição do fim da ditadura civil-militar e a reconquista da democracia; do fortalecimento das lutas de massas impulsionadas pelo movimento sindical, estudantil e de camponeses sem terra; as disputas do bloco socialista e o reflexo na luta entre outros.

Uma primeira linha de pensamento recupera o objetivo estratégico que deve nortear todos os socialistas revolucionários: a construção do socialismo. E o central aqui é a relação entre movimento socialista e partidos políticos (socialistas).

Este tema já havia sido pautado por Lenin e Rosa Luxemburgo, mas não ficou restrito a eles, se apresentava de outra forma: como e quando construir e qual o papel do partido revolucionário na luta de classes? Para Lenin, sua formação seria pelo destacamento de quadros originados das direções das organizações de revolucionários de toda a Rússia (centenas delas); que deveria ser construído em tempos de calmaria; e deveria estar pronto para cumprir suas funções específicas (e superiores) quando uma circunstância política fosse favorável. Essa circunstância seria a crise revolucionária. Portanto, essa organização deveria ser construída pacientemente, os dirigentes, preparados e testados na luta para que pudessem atuar de maneira decisiva no quadro da crise. Essa proposição de Lenin está em três textos principais: "Por onde começar", *Que Fazer?* e *Carta a um Camarada*.

Do outro lado, influenciada pelas especificidades da luta de classes na Alemanha, Rosa Luxemburgo problematiza essa proposição e a polêmica sobre a construção sobre seu papel na luta revolucionária. Para Rosa, a organização deveria ser o resultado da luta de classes, e não construída em tempos de calmaria (e não *a priori*). Sustentava que o papel da organização era de construir força social, não burocratizar a luta ou exercer o poder de mando de maneira autoritária. Essa organização deveria ser construída a partir das lutas e como reflexo delas. Rosa expôs isso no texto "Questões de organização da social-democracia russa".

Esse debate refletia o contexto político de cada um deles. Lenin, preocupado com os resultados da Revolução de 1905 capturada pela contrarrevolução e que abriu caminho para retificações tópicas do tsarismo, partiu para uma tremenda ofensiva contra as forças revolucionárias. Lenin nutria profunda admiração pela capacidade de organização da social-democracia alemã (Partido Social-Democrata Alemão, SPD). Rosa era crítica às tendências reformistas e burocratizantes do SPD. Rosa era entusiasta das lutas e mobilizações que resultaram na revolução de 1905, sem burocracia, e com as massas tendo experimentado encontrar o caminho pela própria experiência e rebeldia. Essa referência, que é cruzada, Lenin sobre a Alemanha e Rosa sobre a Rússia é importante para esse tema.

Florestan Fernandes, considerando as peculiaridades latino-americanas e brasileiras, coloca esta questão nos seguintes termos: é preciso construir os partidos revolucionários e seu papel é a formação de um movimento socialista. Sem o trabalho do partido, a formação dessa força social anticapitalista e socialista, seria frágil. E o partido socialista, sem essa força muito maior que ele, seria débil. Então, qual seria o papel dos partidos em tempos de calmaria e esmorecimento da luta revolucionária? Seria o de fazer o trabalho de disputa ideológica para formar um movimento socialista, uma força real, que seria a base de subsistência e sentido dos partidos. É a condição para os partidos exercerem a direção política nos tempos de ebulição da luta social e das grandes disputas pelo futuro. Na baixa, batalha ideológica; no período de maior intensidade, caberia ao partido ser a expressão desse amplo campo e ajudar a conduzir a luta de classes. Uma poderosa síntese.

Uma segunda linha de pensamento refere-se às questões táticas, em particular sobre o Brasil e nossa latino-américa, sobre a luta revolucionária. Destacamos, em especial, três deles. Primeiro, a difícil unidade da esquerda – como um reflexo (ou seria a causa?) das diferenças entre os distintos campos políticos do assim chamado socialismo real ou o bloco dos países socialistas. Duras observações sobre os limites da unidade foram trabalhados por ele com fôlego e muita preocupação. Segundo, suas análises sobre o desenvolvimento da contrarrevolução e suas forças principais (imperialismo, burguesia internacional e a grande burguesia brasileira), com seu caráter associado, subordinado, antipopular e antiliberal das burguesias nacionais. Para Florestan, as burguesias viviam sob uma dupla pressão: vinda do imperialismo por seus controles políticos e econômicos; e do povo pelo medo de uma revolução social. Isso fez esses setores se aventurarem pela contrarrevolução. Terceiro, trata da possibilidade de uma via democrática para o socialismo (sem ruptura revolucionária) com origens na experiência do Chile (Unidade Popular) e teorizada pela corrente eurocomunista. Também faz duras críticas sobre os limites da democracia na periferia do capitalismo. Uma reflexão potente sobre temas candentes da luta revolucionária, com suas particularidades em cada tempo histórico.

São Paulo, 10 de fevereiro de 2020.

MOVIMENTO SOCIALISTA E PARTIDOS POLÍTICOS

Gostaria de estar em outro lugar, neste instante,[1] para prestar uma homenagem a um homem que foi assassinado pela ditadura. De modo que peço a todos que se levantem para prestarmos uma homenagem a Vladimir Herzog. (Pausa)

É comum dizer-se: rei morto, rei posto. Ninguém pode substituir uma pessoa que é assassinada pela violência. Vlado morreu em um momento no qual estava no auge de sua capacidade criadora. Era um homem exemplar e ele nos ensina o que nós podemos esperar desse regime que está aí: se nós não tivermos coragem de lutar contra ele de maneira denodada, clara, definitiva, outros Vlados

---

[1] Realizava-se então uma homenagem a Vladmir Herzog, promovida pelo Sindicato dos Jornalistas. Essa conferência foi proferida no Grupo Educacional Equipe (25/10/1978) dentro do I Ciclo de Debates sobre Partidos Políticos e Democratização (promovido pela Associação Brasileira de Imprensa, SP, e por *Em Tempo* e ABI SP). O roteiro da exposição (de utilidade para os que preferirem um texto mais denso e técnico) consta de *Brasil: em compasso de espera*, Editora Hucitec.

irão surgir e nós continuaremos a fazer minutos de silêncio. Até hoje o maior episódio, a maior manifestação de massa que ocorreu contra a ditadura foi a missa organizada ecumenicamente na Catedral da Sé. Eu chorei dentro da igreja pela fraqueza daquela homenagem. Nós estávamos pranteando o homem e não lutando para vingar a sua morte.

Se é preciso uma transição democrática limpa e pacífica, como se propala, para ser limpa e pacífica tal transição exige que tais atos de brutalidade selvagem sejam eliminados. Que nós tenhamos a coragem de dizer o que pensamos e o que nós faríamos, em suma, qual é o nosso dever diante da brutalidade que não se impõe nem obedece a quaisquer limitações "civilizadas".

Acredito que não fui o único que chorou dentro da igreja. Não foi de vergonha, foi de raiva pela impotência de não fazer algo diferente. Ainda não chegamos ao momento decisivo. Mas é preciso que se fale que os assassinatos não serão esquecidos e que aqueles que mataram terão de responder por seus crimes.

Com isso vou passar à exposição: o tema que me foi dado pelo professor Caio Navarro de Toledo. Eu entendo que o tema, "Movimento Socialista e Partidos Políticos", é claro. É desnecessária a referência "no Brasil". Estamos no Brasil e essa qualificação articularizadora é desnecessária.

O roteiro desta exposição é simples. Além de uma introdução geral, dedicada ao debate de certas questões prementes, pretendo explorar livremente três tópicos centrais. Em primeiro lugar, o que é movimento socialista? Segundo, tendo em vista as peculiaridades da situação histórica brasileira, o que merece prioridade: o movimento socialista ou os partidos socialistas? Por fim, como os partidos socialistas devem enfrentar tal situação, ou seja, como combinar o tático com o estratégico em condições a um tempo tão precárias e tão difíceis?

Preparei um roteiro de exposição relativamente longo. Não sei qual é a paciência dos senhores, se realmente estão dispostos a enfrentar esse roteiro ou se preferem algo abreviado. Naturalmente, eu gosto do debate, o debate é a parte mais importante e é claro que, provavelmente, irei decepcionar vocês. Se alguém veio aqui com a ideia de que existem cabeças que têm todas as soluções, esse alguém vai ficar decepcionado. Não possuo as soluções, ninguém tem as soluções na algibeira. A solução tem que ser procurada coletivamente. Entretanto, podemos conversar, discutir e, quem sabe, assim, chegar a uma solução.

Na parte introdutória da exposição gostaria de situar três pequenos temas. Um diz respeito ao desgaste e à reciclagem da contrarrevolução. Esse regime que está aí, e que se chama, ele próprio, de revolução, é um regime contrarrevolucionário. E constitui uma contrarrevolução prolongada. Nós vamos voltar a essa noção de contrarrevolução prolongada. É uma contrarrevolução que procura se perpetuar indefinidamente e continuar por todos os meios, pela violência direta e organizada e, se puder, depois, pelo Parlamento e por outros mecanismos. A questão é que o regime sofreu alguns abalos, surgiram conflitos dentro dos grupos que o apoiam. Então, surgiu a ideia de que o regime já está em agonia. É uma ideia perigosa. Nenhum regime ditatorial está em agonia enquanto ele não é derrotado e a ideia de que ele está esgotado é uma ideia que só é vantajosa para o próprio regime. Mesmo que ele caia depois de amanhã, nós devemos ter a ideia de que estamos lutando contra ele e que ele precisa ser derrotado. E não se iria querer derrotar algo que já está destruído.

Eu diria que, apesar de todas as contradições da situação brasileira, do enfraquecimento das bases econômicas e sociais do regime contrarrevolucionário, ele ainda tem capacidade de automanutenção.

A tal ponto que o candidato à presidência foi feito, sancionado, consagrado e há hipóteses de que ele poderá ficar no poder um, dois ou três anos, todo o "mandato". Mesmo que ele ficasse cinco dias já seria muito! O problema para nós, na discussão crítica, é o do desmoronamento da ditadura, quando chega esse desmoronamento. Porque a reciclagem é controlada pelo governo. Enquanto o governo tiver capacidade de manipular a sede da instituição que está sob seu comando, ele tem um poder muito grande. E, de outro lado, ele tem uma "legitimidade" garantida pela sociedade civil e pela sociedade política, pois uma é o retrato da outra, o que torna a situação muito complicada. Portanto, quando eu falar dessa contrarrevolução, não pensem que eu dei essa contrarrevolução e o regime que ela criou por enterrados. Eles estão aguardando a destruição e a destruição não chegou à etapa final. Talvez nós estejamos assistindo ao início do desgaste e a um aprofundamento do desgaste; mas o desmoronamento ainda não pode ser previsto. Esses regimes não têm data marcada para desaparecer. Quando se esteve sob o Estado Novo, de 1937 a 1945, nunca se imaginava que ele iria soçobrar como soçobrou. Naquele ano de 1945 todas as coisas se precipitaram. Nos anos anteriores realizou-se uma oposição organizada que foi muito forte, muito mais forte que a oposição que está enfrentando este regime atualmente. Entretanto, a acumulação de forças durante a luta contra aquela ditadura fez isso, fez com que o colapso fosse rápido. Ele surgiu como se desabasse um edifício sem estrutura, sem alicerce. A mesma coisa aconteceu com o Salazarismo. A mesma coisa aconteceu com a ditadura grega. Esses regimes surgem através de conspirações, às vezes palacianas; enfrentam uma oposição, que vai engrossando, veem sua base de sustentação desgastada e, finalmente, ruem. Nós ainda não chegamos a esse período de implosão, e é preciso que todos tenham em mente isso. A luta contra esse regime só agora está entrando em sua fase decisiva.

Em segundo lugar, queria chamar a atenção de vocês para alguns efeitos de uma contrarrevolução prolongada. Quase sempre se pensa numa contrarrevolução para enfatizar a capacidade que esses regimes têm de se revitalizarem, de reconstruírem sua base de poder. Entretanto, todo regime autocrático que oprime e que reprime, ao oprimir e reprimir, condensa a força dos adversários.

É preciso que vocês pensem nisso desde já. Nós vamos insistir muito nesse aspecto depois. Mas é preciso pensar nisso desde já e até em termos dialéticos: como é que uma coisa pode gerar o seu contrário, como é que a repressão pode gerar o impulso à liberação. Vejam bem, qual foi a área da sociedade brasileira que sofreu mais com esse regime? Foi naturalmente o setor operário da população, o setor pobre e trabalhador. E onde surgiu a oposição mais significativa? Exatamente aí. Por quê? Porque foi exatamente aí que o calcanhar de aquiles do regime se revelou. Portanto, há o que eu chamaria de efeito corrosivo de um regime ditatorial muito despótico. Ele acaba fortalecendo as pressões de baixo para cima. Ao tentar impedir que essas tensões apareçam, eles criam as condições para que elas surjam; e surgem, às vezes, de forma incontrolável.

Vamos debater muito essa questão aqui. Parece que eu vou insistir demais sobre alguns pontos. E não é apenas por técnica expositiva; não é para que vocês adiram ao meu pensamento. É que nós precisamos marcar uma posição, formar certas convicções e, por isso, é essencial insistir sobre alguns aspectos da realidade. Da realidade inclusive que nós podemos criar no futuro.

Por fim, há uma implicação política do nosso tema que não pode ser negligenciada. Não vou fazer digressões teóricas nem acho que isso seja importante. Tampouco sou professor de teoria política nem estou aqui em nome de qualquer posição acadêmica. Mas nós temos que falar sobre movimento socialista e sobre partidos políticos. E eu entendi partidos políticos, naturalmente, socialistas. Com isso, fica um problema. O que é importante: o movimento, ou os partidos? Nós vamos discutir essa questão daqui a pouco.

Em primeiro lugar, nós precisamos saber o que é movimento: quando estou falando em movimento socialista, a que me refiro? Encaro o movimento de uma perspectiva mais ampla, uma confluência de forças anticapitalistas. Dentro de uma sociedade capitalista surgem forças antagônicas ao capitalismo, que buscam acabar com o modo de produção capitalista, o regime de classes, o Estado nacional, o sistema de poder da burguesia. E esse movimento tanto pode assumir uma forma gradualista quanto uma forma revolucionária. Então, o movimento é uma confluência das forças, de todas as forças que se voltam contra a ordem existente. Ou para introduzir reformas antiburguesas dentro dessa ordem; ou para alimentar uma revolução contra a ordem e organizar a sociedade, a economia, o sistema de poder em novas bases.

Já os partidos são a forma de organização institucional dessas forças. Essas forças sociais se organizam institucionalmente e é através dos partidos que se realiza a aglutinação de forças; e se realiza, também, a sua aplicação em fins mais ou menos visados consciente, deliberada e organizadamente. É claro que os conflitos de classe delimitam a área dentro da qual se realiza essa utilização concentrada das forças sociais antagônicas à ordem capitalista. Por meio do conflito de classe se tem o sistema de referência que ordena a concentração institucional das forças sociais que são contra a ordem (o "poder revolucionário" ou o "antipoder").

Naturalmente, dependendo do grau de receptividade da sociedade para com o movimento socialista, os partidos poderão ter uma função de desagregação da ordem mais ou menos intensa. Naturalmente, há partidos socialistas que contêm a sua potencialidade desagregadora e há outros que procuram maximizar essa potencialidade. O nosso interesse vai no sentido dos dois tipos de partidos. Nós não podemos refletir sobre um determinado tipo de partido. Temos de refletir sobre os dois. Inclusive porque, no processo político real, eles estão entrelaçados.

É claro que quando o movimento socialista é fraco – é preciso usar essa noção ou grifada ou entre aspas – quando ele é fraco ou não tem muita densidade, a esse movimento socialista fraco correspondem partidos sociais débeis (débeis também grifada). Basta que vocês pensem sobre o Brasil: nós não temos um movimento socialista vigoroso. Qual é a consequência? Nós não temos também partidos socialistas fortes, que possam exercer funções agregadoras ou aglutinadoras; capazes de criar uma efervescência política e coordenar movimentos de reforma social ou de revolução. Agora, é preciso que vocês não situem nem o movimento socialista nem os partidos socialistas no vácuo. Eles são realidades históricas, existem dentro de uma sociedade capitalista. Acaba sendo necessário pensar sobre qual é o grau de amadurecimento e de diferenciação do regime de classes. Quanto mais diferenciado for o regime de classes, de uma forma estrutural-funcional e histórica, mais forte é o movimento socialista e, em consequência, também mais forte é o padrão de partido socialista que corresponde, na situação histórica, a esse movimento. Quer dizer que há uma interdependência entre movimento e partido, mediada, naturalmente, pela realidade histórica condicionante, que é o regime de classes, o qual é dinamizado por meio de conflitos de classes. Os conflitos de classes alimentam tanto o movimento, quanto os partidos. Se o regime de classe não é diferenciado, não é forte e desenvolvido, o que é que acontece? O espaço político para a existência de um movimento socialista é reduzido e, em consequência, os partidos socialistas são mais ou menos incongruentes. Eles representam mais fins psicológicos do que políticos e, às vezes, respondem mais à alienação moral de grupos privilegiados, que à impulsão coletiva das pressões proletárias.

Agora, quando o regime de classes é bastante forte e os conflitos de classes eclodem de maneira socialmente construtiva, o sistema capitalista secreta o seu contrário (é preciso pensar que os conflitos de classes são construtivos; a representação corrente desse conflito como uma entidade paralisadora, destrutiva, que aniquila a sociedade, é uma representação conservadora, é parte de uma sociologia da ordem; é claro que, se vocês pensam em termos de movimento socialista, se localizam no polo da sociologia da revolução ou da reforma social. Portanto, não podem aceitar essa fraseologia mistificadora. Têm de refletir criticamente e repudiá-la). De qualquer maneira, se se coloca o movimento socialista e o partido socialista dentro de um contexto histórico no qual há uma ebulição por causa da maneira pela qual eclodem os conflitos de classes, o que se tem é uma relação muito instável entre movimento e partido. Movimento e partido interagem entre si, determinam-se reciprocamente, se fortalecem e crescem juntos. Ou então perecem juntos. Mas de qualquer maneira estão sempre em influência recíproca, pela mediação das classes, consciência de classes etc. Então, se vocês pensam em termos de proletariado, a capacidade de comportamento coletivo e organizado, de consciência de classe, de solidariedade de classe, de capacidade de luta de classe etc., vocês coligem os elementos necessários para que nós possamos compreender como as classes trabalhadoras, como os setores antagônicos à ordem imperante em uma sociedade capitalista dinamizam e fazem eclodir as contradições do regime de classes. Inclusive como nos setores intermediários e nos estamentos dominantes surgem grupos divergentes, que às vezes aderem a comportamentos anticapitalistas. É preciso botar todos esses elementos dentro do espectro. Tudo isso aí depende de dinamismos dos conflitos de classe. É preciso não pensar na classe como um pé de chumbo, como se a classe afundasse o movimento socialista, afundasse o partido. A classe não é um pé de chumbo; ela é o elemento central, que condiciona e regula o vigor do movimento e do partido. É por isso que as pessoas que partem da reflexão localizando-se no partido não possuem um ponto de referência correto. Porque elas perdem o elemento estrutural e histórico, que serve de baliza para que se entenda não só o presente, mas o fluir desse presente na direção do futuro. Os processos se abrem para a frente, não para trás. Para trás está alguma coisa que nós pretendemos morta, que nós queremos destruída.

Quando nós pensamos dentro desse esquema de referência, nós podemos dizer que, como regra, onde o suporte material e a base política das potencialidades da negação da ordem das classes trabalhadoras são incipientes, amorfas ou fracas, o movimento vem a ser prioritário, o movimento tem mais importância e o partido vem a ser um fator de reforço. Inversamente, quando as classes trabalhadoras possuem dinamismos bastante fortes e têm espaço político suficiente para organizar seu movimento operário, seus sindicatos etc., nesse caso os partidos são os elementos centrais, são os elementos de concentração e de centralização das forças sociais socialistas.

Essa breve introdução pode parecer dispensável. Mas ela era necessária pelo menos para localizar o meu pensamento em relação a alguns temas que são importantes.

O primeiro tópico da discussão diz respeito ao ponto de partida atual. Nós estamos no Brasil, mas não estamos isolados do mundo. E eu queria localizar esse ponto de partida tendo em vista vários elementos da situação global. Quando se é socialista, a tendência é para ver a situação global de maneira integrativa. Não abrindo um buraco no chão e se enfiando dentro dele.

Gostaria de fazer a exposição deixando algumas questões centrais para o debate. Com referência ao ponto de partida atual, em vez de começarmos pelo capitalismo, nós devemos começar pelo socialismo. Nós não vivemos em uma época em que a revolução socialista seja alguma coisa meramente hipotética. Não é uma hipótese científica, nem uma probabilidade histórica. A revolução socialista ocorreu em uma porção de nações. Nós podemos dizer que o socialismo, hoje, é a alternativa para o padrão de civilização moderna decorrente do capitalismo. Isso quer dizer que o socialismo oferece um padrão de integração da civilização moderna alternativo. Quer dizer que o socialismo define um padrão para essa civilização. Ou esse padrão tem vigência, ou essa civilização capota, está condenada. A alternativa da chamada "crise de civilização" não se define em termos das sociedades capitalistas, define-se em termos das sociedades socialistas. E essas sociedades socialistas hoje constituem, aproximadamente, um terço da humanidade. Portanto, não se trata de uma mera probabilidade de cientistas políticos engenhosos. Embora essas nações socialistas sejam mal conhecidas em todo o chamado "mundo da liberdade", os regimes socialistas ou semissocialistas são bastante fortes para sobreviverem e abrirem seu caminho na direção do futuro. Se existe um padrão de civilização que está se redefinindo em termos socialistas e se um terço da humanidade já vive em condições de transição para o socialismo, ou de socialismo relativamente avançado, nós temos de admitir que vivemos numa época em que há uma certa facilidade de difusão do socialismo. O socialismo está em processo de irradiação e difusão e o "mundo socialista" nos oferece pontos de apoio. Quer dizer, se uma nação qualquer, como acontece com Cuba e com a Argélia ou com outros países, tem uma probabilidade de transição socialista, ela pode encontrar um suporte dentro do mundo socialista. Esse elemento é central para o nosso quadro, não é um elemento aleatório. Há um avanço do socialismo, um avanço que se materializa em função do processo histórico. E o próprio mundo socialista cria condições para acelerar esse processo.

Qual é a contraparte desse avanço? A contraparte é que há um endurecimento, em escala mundial, do capitalismo. Os países capitalistas, que já se veem ameaçados pela ideia de que poderia haver uma crise, um desmoronamento a partir das contradições da forma de produção capitalista, do regime de classes, do Estado constitucional e representativo – que já viviam sob uma psicose – agora passam a ver-se diante de uma psicose maior. A hipótese de países socialistas não é ideal ou suposta, ela é concreta. A ameaça ao capitalismo não é ameaça teórica; é uma ameaça militar, política e de alternativa de civilização. Em suma, avançou-se muito.

O endurecimento dos países capitalistas é um endurecimento para dentro e para fora. Há uma perseguição do inimigo interno, especialmente se esse inimigo interno se organiza para fazer com que o movimento socialista prossiga e vença. Então são eles os "inimigos da ordem": cadeia, destruição. O cerco do inimigo interno é um cerco sistemático e terrível. E há também um cerco contra o chamado inimigo externo. Os países socialistas enfrentam uma permanente conspiração organizada e planejada, de escala mundial, que visa abalar ou destruir a organização e a expansão do socialismo. O cerco precisa ser organizado em escala mundial, de uma forma não só militar, mas logística, prevendo contrainsurgência e uma porção de refinamentos de toda guerra moderna. Não vou me estender sobre isso, porque não é o objeto da nossa discussão. Mas vocês devem ter em mente que esse cerco interno e externo é um cerco impiedoso. Tanto o "inimigo interno", quanto o "inimigo externo" têm que ser perseguidos com todos os meios. E se uma revolução em um pequeno país, como Cuba, parece ameaçar não o gigante, mas o hemisfério, então é preciso segregar, é preciso impedir que esse experimento tenha êxito, é preciso obrigar esse pequeno país a dispersar investimentos produtivos na direção da guerra, do armamento e de outros fins de autodefesa que não são essenciais para um país socialista. Só são essenciais para que esse país tenha condições de se defender e de se preservar dentro de um caminho socialista.

Portanto, nós estamos diante de processos no plano internacional que são policial-militares, de contrainsurgência e políticos; possuem uma natureza antissocial, antiliberal e totalitária. Quando se fala de regimes totalitários se esquece de que, no contexto atual de conflito irreversível entre países capitalistas e países socialistas, o totalitarismo funciona dentro do Estado constitucional e representativo. Ele está acoplado dentro desse Estado "nacional-democrático", pelo menos em algumas funções que esse Estado tem de exercer (funções repressivas de alto porte, de alta envergadura).

Essa não é a parte essencial de nossa discussão. Mas, aí observamos uma oscilação que é muito conhecida, a qual produz a chamada democracia forte, que é a variante mais hábil, mais tênue, desse tipo de regime, que prepara o Estado para enfrentar o "monstro socialista". As democracias atuais já não são mais liberais, elas são "democracias fortes"; estão preparadas para o assalto final, essa luta de pesos-pesados na história do mundo. Neste último quartel do século XX, vivemos a fase decisiva dessa luta. E essa é, sem dúvida, a forma mais tênue, mais mitigada, que a democracia constitucional e representativa assume em termos de totalitarização.

Em seguida vêm os chamados regimes autoritários, que atestam uma maneira discreta e mistificadora de se secretar o totalitarismo, já severamente implantado dentro do Estado e por meio do Estado. Este adquire funções repressivas que entram em contradição com constituições democráticas e liberais (o paradoxo chega a ser grande: países como a República Federal Alemã, por exemplo, acabam fazendo a mesma coisa que o Brasil, em termos de "perseguição" do inimigo interno ou de "defesa" diante do inimigo externo). Nesse plano, todos se confundem, porque todos estão empenhados em "salvar" a civilização cristã... Não sei o que Cristo e os cristãos têm a ver com isso. De qualquer maneira, estão envolvidos na história.

Por fim, há a oscilação fascista, que já teve um apogeu e que provavelmente vai voltar a ter um clímax de novo, à medida que se impuser uma confrontação mais violenta nessa transição terrível, que estamos vivendo. É uma história rica e cheia de fatos dramáticos. Não há história rica sem fatos dramáticos. Mas aqueles que têm de viver essa história acabam lamentando as consequências destrutivas que a humanidade paga pelo seu progresso.

Esses processos a que me referi não se desencadeiam só nas nações capitalistas centrais; eles surgem nas nações capitalistas centrais e na periferia. E, na periferia, de uma forma mais evidente e conturbada, porque na periferia o poder relativo da burguesia e de seu Estado nacional é menor e, portanto, todas as comoções podem ser visíveis a olho nu. Não há como esconder: o Legislativo não pode ocultar a exacerbação; o Executivo também não. E o pânico que se apodera dos setores dominantes é tão grande que não há como esconder nada: a conspiração fica evidente, vem à tona. De outro lado, as nações centrais são obrigadas a socorrer as suas irmãs da periferia. E, nesse processo, imperialismo e burguesia nacional são obrigados a se entrelaçarem de uma forma também evidente e tudo isso aumenta a dramaticidade do processo e sua visibilidade. Pode-se acompanhar a olho nu tudo que ocorre. Não é preciso fazer ciência muito profunda, como diria Guerreiro Ramos; os processos, à medida que a história transcorre, ficam evidentes, claros e são praticamente auto-esclarecedores.

Seria difícil, nesta fase em que nós estamos, de internacionalização das formas de produção, de circulação e de distribuição da economia capitalista, que não ocorresse paralelamente uma internacionalização nas estruturas de poder. Os dois processos de internacionalização são simultâneos, de modo que a periferia se vê incorporada ao centro não só no nível econômico, mas também nos níveis cultural e político. Os dois processos caminham juntos. Trata-se de uma evolução já conhecida, que aumenta a capacidade de autodefesa e de contra-ataque do capitalismo. Entretanto, essa capacidade de autodefesa e de contra-ataque não pode ser exagerada. Por quê? Porque ela não elimina as contradições fundamentais do regime capitalista. Essas contradições são intrínsecas ao capitalismo, elas não podem ser eliminadas. Onde há a propriedade privada dos meios de produção existe também a transformação do trabalho em mercadoria e portanto existe uma relação entre trabalho e capital, que gera conflitos, tensões e toda a dinâmica da sociedade de classes. Portanto, essas contradições não são eliminadas por causa dessa unificação, dessa internacionalização do poder econômico, do poder cultural, do poder político. Elas continuam, o capitalismo ganha mais um período de sobrevivência, porém o embate continua numa escala mundial e, naturalmente, isso confere às nações socialistas um novo papel na história, pois o futuro da humanidade não passa só por meio do conflito de classes, passa também por meio da luta entre nações socialistas e nações capitalistas. Essa é uma questão que eu queria levantar.

Nós temos que indagar: qual é o significado do mundo socialista dentro desse amplo panorama? Essa é outra questão que devemos considerar. É claro que o mundo socialista funciona, virtual e realmente, como um foco de apoio eventual ou real das eclosões socialistas. Mas essa não é a função mais importante atualmente. Se levarmos em conta que a primeira revolução na direção do socialismo se realizou na segunda década do século XX, já temos mais de seis décadas de história do socialismo. Quando nós pensamos que a pluralidade de vias para o socialismo se define no pós-Segunda Guerra Mundial, contamos com três décadas de história de pluralidade de vias na direção do socialismo. Portanto, o mais importante, em termos de função construtiva do mundo socialista, é delimitar o que vem a ser o socialismo, qual é o tipo de civilização que ele está gerando, o que essa civilização promete à humanidade, se realmente a utopia socialista do século XIX se concretiza ou não se concretiza; se a ideia de não só liberdade, mas igualdade, fraternidade, a ideia de amor e de eliminação do lucro, do poder como destruição, enfim, todos os elementos que foram criticados como parte das contradições das sociedades capitalistas, se esses elementos são ou não superados em largo prazo por meio dos experimentos que se realizam.

É claro que hoje não se precisa mais falar da qualidade em termos de ideais, em termos de utopia. Existem experiências e, quaisquer que sejam as limitações dessas experiências, elas contam de fato. Há limitações porque se trata de uma implantação recente e porque o socialismo possui as suas próprias contradições. O capitalismo, com tantos séculos de sobrevivência, não conseguiu eliminar suas contradições fundamentais. Por quê? Porque, se eliminasse essas contradições, desapareceria. O socialismo nasce da eliminação dessas contradições, mas, por sua vez, recebe todas as contradições do cerco capitalista; o caminho difícil que está ligado ao "socialismo de acumulação", o socialismo que apareceu nas chamadas cadeias débeis do mundo moderno, nos quais o capitalismo era mais fraco e por isso mesmo a revolução era mais fácil de se realizar, nos quais o Estado tinha menos poder de contenção e por isso o avanço na direção do socialismo podia se concretizar mais rapidamente.

De qualquer maneira, nós temos pontos de referência concretos para avaliar o que é o socialismo e o que será. E, principalmente, nós não temos só um modelo básico. A ideia do socialismo em um só país já é uma ideia do passado. Nós ainda somos perturbados por essa ideia, ela ainda tem alguma atração hegemônica, mas – sem qualquer crítica à União Soviética – na verdade já atingimos um momento em que o socialismo permite pensar na totalidade do quadro histórico. As várias experiências, os vários rumos e as várias perspectivas que se abrem para a construção socialista. Portanto, alcançamos verdadeiramente a era revolucionária do socialismo neste último quartel do século XX, a era em que o socialismo dá o seu arranque decisivo. A pluralidade de modelos e de vias traz consigo uma fraqueza relativa provisória. Nós não podemos negá-lo; ela vem menos da multiplicidade de escolhas. Há conflitos que são lamentáveis. Todo socialista tem que lamentar o conflito que existe entre a União Soviética e a China. É preciso enfrentar esse conflito, é preciso superá-lo. E existem conflitos menores, não menos lamentáveis, que não vem ao caso discutir aqui. Esses conflitos nascem de polarizações que são "nacionais" e "patrióticas". Parecia que só o socialismo reformista e gradualista gerava esse tipo de polarização. Mas parece claro que ela também surge em conexão com o socialismo-revolucionário. Portanto, temos que equacionar essas fraquezas, que são relativas e transitórias, porque contingentes.

O essencial é que a multiplicidade de escolhas, de vias, de caminhos, ao contrário de enfraquecer, enriquece, revitaliza tanto o socialismo reformista e gradualista quanto o socialismo revolucionário. Porque mostra que não existe só uma via para se chegar ao socialismo e que há campo para a atividade construtiva da revolução proletária nas diferentes nações, nos diferentes continentes. O ponto de partida vai delimitar meios e fins diferentes. Nós podemos imaginar qual seria o socialismo da Europa dos países capitalistas avançados se houvesse uma revolução socialista nessa área. Podemos imaginar o que ocorreria nos Estados Unidos: todo o período duro da acumulação socialista, que se realizou na União Soviética, que está se realizando na China, em Cuba e em outros países, seria evitado porque se poderia realmente expropriar os expropriadores, transferir para o processo de socialização toda uma riqueza acumulada pelo próprio capitalismo. Entretanto, até agora nós só tivemos revoluções socialistas em países que contaram com os pontos de partidas mais pobres, com os caminhos mais árduos, e que tiveram que realizar, inclusive, uma aceleração do desenvolvimento para criar condições materiais para o início da socialização, para gerar riqueza, diferenciar a produção e depois pensar em modos socialistas de circulação e de distribuição, que estão engatinhando, na melhor das hipóteses.

De qualquer maneira, o avanço que se realizou já é suficiente para definir a qualidade do socialismo a partir de experiências concretas. E se pode hoje discutir os planos. O que é melhor? Centralizar ou democratizar os planos? Introduzir controles operários ou aguentar centralização provisória? Qual é a melhor via? Pode-se discutir o humanismo socialista de uma maneira mais rica, sem falar em idealismo, sem falar em tanta coisa que não passava de ingênuos mecanismos de autodefesa, no século XIX, quando era preciso exorcizar os diabos. Num período em que o fanatismo materialista cegava um pouco a visão socialista. Hoje o materialismo se casa com o socialismo sem cegar a perspectiva. Já há base material para isso. Acresce que toda a utopia central do socialismo é comum ao liberalismo em termos de origem histórica. Talvez por isso os socialistas tinham uma certa vergonha de falar de uma utopia central. Agora, é fácil lembrar que a burguesia mandou essa utopia central às favas. A ideia da liberdade, da igualdade e da fraternidade, para a burguesia, não passou de uma ideia. E em nome da liberdade, da igualdade e da fraternidade foram perseguidos todos aqueles que lutaram pelo igualitarismo, pela liberdade e pela fraternidade. Vocês têm os célebres estudos de Marx, os seus maiores estudos históricos, com a brilhante introdução de Engels a um deles, e sabem muito bem o que representou o terrorismo burguês no século XIX para massacrar a "grande constituição" e os ideais libertários que deram à burguesia uma certa grandeza histórica, durante o século passado. Grandeza histórica que ela perde irremediavelmente, à medida que se torna conservadora, depois reacionária e, por fim, contrarrevolucionária.

Nós podemos, hoje, voltar a essa utopia central, falar dela sem exorcizar o diabo. Para haver uma revolução é preciso que haja uma utopia central forte. O socialismo, desde Marx, daquele famoso escrito da Primeira Internacional, até hoje, o socialismo significa revolução permanente. Desde que se instaure um regime socialista, esse regime revolucionário em si e por si mesmo. Ele não é só revolucionário por causa do confronto com o capitalismo; ele é revolucionário em termos da sua própria realização. Ele tem que se destruir para criar a etapa comunista. E essa etapa maior exige uma exacerbação revolucionária que não se vincula ao passado e ao presente, vincula-se ao futuro. Portanto, as experiências que estão se realizando são importantes, porque elas liberam todas essas forças, toda essa riqueza de representação do mundo, da história, da posição do homem, da história da concepção do que é partido, do que é movimento, o que é o Estado e como ele definhará, por fim, como o socialismo se esgotará em uma etapa mais avançada de construção do comunismo.

Hoje não se discute mais a viabilidade do comunismo em termos de uma hipótese ideal. A viabilidade do comunismo se coloca em termos das experiências concretas que estão se realizando no campo socialista. Sabe-se que essa viabilidade ainda não é para amanhã, não é para este século. Nas melhores hipóteses, mesmo sob um desenvolvimento socialista acelerado, essa viabilidade é para o século XXI. Em alguns países, para o começo do século XXI; em outros, para os meados ou o fim do século XXI. Portanto, não são prognósticos impacientes, são prognósticos de larga duração. Nós podemos, pois, pensar na viabilidade do comunismo como um processo histórico concreto. Esse contexto, porém, é fundamental para nós, porque nós temos que pensar nele, se nós não quisermos cair no que vocês chamam de "fossa". Eu não gosto dessa palavra, por causa de sua forma e conteúdo pequeno-burguês. Se nós quisermos pensar de uma maneira revolucionária, nós temos que ter esse quadro diante de nós. Não trocar em miúdos o que significa ser socialista hoje. Há um processo e um processo ao qual nós estamos ligados. Por pior que seja a nossa vida, por pior que seja o nosso viver imediato. Mesmo que nós estejamos na prisão, estejamos sendo torturados, mortos, massacrados, isso existe como realidade, uma realidade viva, presente, palpitante, que dá vida a todos nós também. Portanto, esse contexto é vital para nós. Nós temos que manter esse contexto diante de nós e pensar por meio dele. Ele é parte do nosso ser. Ainda que esse ser esteja tão destruído e nós tenhamos que nos superar mediante a imaginação socialista.

Naturalmente, tendo em vista todo esse processo, vocês poderão imaginar que o cerco capitalista também enfrenta as suas barreiras, enfrenta os seus dilemas e vai chegar um momento em que esse muro invisível, essa trincheira onde se trava essa batalha mundial, vai ter o polo capitalista como o polo mais fraco. Mas esse contexto precisa ser tomado em consideração. Nós temos também que pensar em termos brasileiros e latino-americanos. Não quero bancar o Caetano aqui, fazer a exaltação do tropicalismo... Temos um amplo contexto mundial e, de outro lado, na América-Latina, assistimos a uma coisa que pode quebrar um pouco esse otimismo. É o contrapeso da história. Nós vemos avanços dos controles imperialistas. Esta é a parte da periferia na qual as nações capitalistas penetram mais e em que não se rompeu de maneira completa com o espírito colonial, com as estruturas coloniais. Essas estruturas foram reconstruídas em termos do capitalismo dependente, em termos da sua mentalidade e falta de imaginação.

O que representam hoje esses avanços do imperialismo? Eles representam uma aliança terrível entre burguesias nacionais e burguesias das nações capitalistas centrais, os Estados daquelas burguesias "nacionais" e o sistema capitalista mundial de poder. Tudo isto está presente na América Latina de uma forma impiedosa. Temos que pensar nessa realidade, nessa penetração do poder capitalista, nesse florescimento que o capitalismo pode realizar na América Latina, porque alguns países estratégicos das Américas, como acontece no Canadá, são países que tiveram desenvolvimento capitalista bastante forte para serem diretamente incorporados ao capitalismo monopolista. Em consequência, países como o México, Brasil, Venezuela, fazem parte do centro, embora eles continuem dentro da América Latina e sejam os polos de uma dominação satelizada.

Quando se entende essa realidade nós pensamos logo no "regime autoritário". É claro que não é necessário que o regime seja autoritário. Vai depender da crise do poder burguês. No caso da Venezuela essa crise não foi tão profunda que exigisse um regime autoritário. No caso brasileiro, argentino, chileno etc., inclusive no peruano, essa evolução foi necessária. Chegou-se ao quê? A uma ditadura aberta das classes possuidoras e de seus estratos dominantes. Quando se fala em classes possuidoras e classes dominantes, não se pensa só na burguesia nacional. Pensa-se também na burguesia de fora, na burguesia dos países centrais e da superpotência, nos estratos dominantes de fora também. Estão todos casados, estão articulados. É uma realidade histórica única e total; não se pode separar uma coisa da outra. E ao mesmo tempo é preciso pensar na contrarrevolução prolongada. Uma contrarrevolução que se autoproclamou revolução: "A revolução, não veio para desaparecer, ela veio para ficar". Essa ideia é em si mesma uma ideia salvadora, redentora, quer dizer, "conquistamos tudo, temos todo o poder nas mãos, podemos esmagar as nações socialistas e criar a história da burguesia como se ela fosse uma espécie de satélite no espaço sideral"...

É claro que na história isso é impossível. Mas, de fato, enquanto esse excedente do poder nacional e internacional estiver nas mãos da burguesia nacional e da burguesia internacional, o que vai acontecer é que esses regimes vão ter condições de se autoperpetuar. Porque eles não precisam desaparecer, eles podem se reciclar. A contrarrevolução pode se reciclar, não é necessário que ela desapareça. Por isso existe o paliativo da "democracia forte", que no nosso caso assumiu a ideia das salvaguardas do Estado. Salvaguardar o Estado de quê? Que Estado é esse? É o Estado de uma burguesia que precisa se impor à nação e, por isso, precisa de um sobredireito, de um sobrepoder, de um excedente de poder político, que pode, naturalmente, se autolegitimar por meio do Parlamento; por meio de uma constituição etc. No entanto, essa "legitimidade da ordem" é uma ilegitimidade em termos das classes que contestam essa ordem. Nunca se deve pensar a legitimidade em termos abstratos, kantianos, metafísicos. A legitimidade é um processo legal e quem determina a legalidade desse processo são as forças que controlam o Estado. Mas de qualquer maneira, enquanto essa ditadura aberta de classes se perpetuar, enquanto essa contrarrevolução prolongada se reciclar, nós temos uma autocracia burguesa, não temos uma democracia burguesa. É uma autocracia burguesa que diz com todas as palavras "vim para ficar", não é o cavalo de Troia, é uma nova Troia.

A que vem essa autocracia burguesa? De um lado, ela visa garantir a incorporação, permitir a transição rápida e violenta da periferia na economia, na cultura e no sistema de poder dos países centrais e sua superpotência. De outro lado, ela visa impedir a luta pelo socialismo. Para garantir uma coisa e impedir a outra. Quer dizer que a essas transformações está ligada a negação da alternativa socialista. Se ela não existisse, se essa alternativa não constituísse uma ameaça, tudo isso seria desnecessário. Portanto, nós temos aí o porquê da necessidade histórica desse tipo de regime. Porque substituir a autocracia burguesa não é alguma coisa que nós vamos substituir pela democracia burguesa, como no passado seria possível substituir um pó de arroz por outro. Não é uma questão de pós. É uma questão de necessidade histórica. Quem é que precisa dessa autocracia e por quê? São burguesias nacionais débeis, são nações capitalistas hegemônicas, é a superpotência que precisam impedir que a revolução socialista se irradie por toda a periferia. Isso é preciso estar bem claro na mente de todos, se quiserem entender a situação histórica atual.

Quer dizer que essa autocracia acaba com duas coisas. Com aquelas ilusões de que poderia haver dentro das sociedades capitalistas espaço político para que os setores da burguesia realizem revoluções dentro da ordem. Nesta etapa em que nós estamos, os setores burgueses não realizam mais revoluções dentro da ordem. Já foi o momento em que algumas burguesias fortes na Europa e nos Estados Unidos podiam abrir espaço político para as classes contestadoras, que se insurgiam no plano histórico por liberdade, por diminuição da desigualdade e por outras coisas. Esse momento já foi! Nós estamos vivendo o momento oposto, o momento em que os setores mais privilegiados e mais fortes da burguesia precisam fechar o espaço a qualquer alargamento que possa ser utilizado para contestações que não possam ser controladas e contidas de uma maneira eficaz pela própria ordem. Em consequência nós vemos a inanição do radicalismo burguês. O que aconteceu com o radicalismo burguês? Onde está o radicalismo burguês? Pensem nos Estados Unidos. Onde está o radicalismo burguês nos Estados Unidos hoje? Com os problemas mundiais, de estagnação econômica e de inflação etc.; com os problemas internos dos Estados Unidos. Onde está o radicalismo burguês nas nações industriais avançadas da Europa ou no Japão? Esse radicalismo burguês soçobrou, não existe mais. Ele cedeu espaço a uma forma corrompida de liberalismo e a uma forma deteriorada de socialismo. Seria preciso lembrar que a social-democracia, na sua versão atual, ocupou o lugar do radicalismo burguês e tende a ser o seu equivalente político?

Nós observamos, portanto, o desaparecimento virtual e real do radicalismo burguês. O deslocamento da social-democracia para saturar o espaço histórico do radicalismo burguês. Ocorre, ainda, outro deslocamento, que é de preocupar ainda mais: o socialismo revolucionário, por sua vez, tende a saturar o vazio deixado pelo socialismo gradualista e reformista. É curioso, mas o eurocomunismo parece preencher exatamente essa função. Pode-se dizer que isso é inteligente, que é "necessário", que é "construtivo" etc. Inclusive há pessoas que apresentam isso na Europa com muita sagacidade. No entanto, essa evolução significa algo – e esse algo é que, no campo socialista, o cerco capitalista conseguiu vergar, pelo menos vergou um pouco as nossas forças. Elas tiveram que ceder para não soçobrar, para retomar fôlego e reaparecer adiante. Porque ninguém pode impedir que o socialismo revolucionário tenha sua doutrina e que, conquistada uma posição, ele retome todo o seu corpo, todo seu espírito e se apresente na história com todas as suas exigências. Não obstante, temos de pensar nesse amplo quadro, no qual a realidade tem matizes dolorosos para todos nós. Há um enfraquecimento relativo da capacidade de luta dos movimentos socialistas nos países onde essas transições pareciam "tão arraigadas", "tão fortes" e "tão promissoras"!

Agora, o que importa é que se pense nisso quando se criam mitos a respeito da burguesia. Burguesia que cria democracia burguesa! Nós estamos pensando numa burguesia que não existe mais historicamente. As burguesias hoje estão empenhadas no que eu chamo de defesa final da ordem capitalista, estão travando a sua batalha de sobrevivência na defesa da propriedade, da empresa privada e do lucro. Se perderem essa batalha, adeus! Portanto, travam a batalha final. E dentro dessa batalha têm que empenhar tudo. São as cuecas do papai e as calcinhas da vovó, tudo entra na batalha, tudo entra no processo histórico, nada escapa. É preciso esmagar por todos os meios as pressões radicais de baixo para cima e tirar delas todo o impacto que essas pressões possam ter, no sentido de diminuir a distância que existe entre o presente e o futuro.

Na América Latina, isso significa uma repressão feroz, uma contrarrevolução hedionda, que não tem naturalmente limite. Ela nasce e renasce. É um monstro, uma hidra que tem várias cabeças e se recompõe. Na América Latina essa defesa final passa pela sufocação da revolução nacional, tanto quanto passa pela luta contra a revolução democrática. Essas duas revoluções constituíram o apanágio da "burguesia clássica" na Europa e nos Estados Unidos. Fixaram o padrão democrático--burguês da revolução burguesa. Largadas a si próprias (isto é, conduzidas pelo impulso histórico das classes trabalhadoras e das massas populares), essas duas revoluções criariam processos incontroláveis, perigosos, que poderiam levantar a maioria miserável, a maioria da pobreza absoluta (a qual, segundo os técnicos do Bird, abrange mais que um terço da nossa população). Pobreza absoluta, vejam bem, que afeta a quantos milhões? Coloque-se a pobreza relativa nesse quadro e ficará claro que, dentro dessa situação histórica, não há burguesia capaz de fazer face aos papéis e tarefas políticas decorrentes da revolução nacional e da revolução democrática. Elas abalariam toda a sociedade, criariam condições que permitiriam uma passagem imediata do capitalismo para o socialismo. Aí estão dois aspectos centrais e não podemos ignorá-los, mesmo que eles suscitem reações de medo.

Nós teríamos que chamar a atenção para uma outra questão, que é a da destruição da autocracia burguesa. Já falei o suficiente da autocracia burguesa para que seja necessário enfatizar que, desde que ela se configurou na América Latina, a democracia burguesa foi posta de lado como entidade histórica, como realidade política. Nós estamos na era do clímax; do cerco duro e planejado à expansão do socialismo. Então a democracia forte, pelo menos, acaba sendo a última fronteira dentro da qual as forças capitalistas permitem alguma acomodação, alguma articulação com as demais forças sociais. A democracia forte é a única que detém um mínimo de reservas de poder, de autodefesas, de autossegurança, de autoprivilegiamento dos interesses capitalistas e de fortalecimento das estruturas de poder capitalistas. Agora, só nos resta pensar em crise da autocracia burguesa, no seu desgaste e desmoronamento; porque nós não podemos pensar que a utopia burguesa seja, nos dias que correm, compatível com a realidade histórica. Naturalmente, para certos empresários nacionais e estrangeiros, para o pensamento ultraconservador, para certos meios militares "esclarecidos" etc., a autocracia burguesa "veio para ficar". A lepra também veio para ficar. O que nos cabe é refletir como lutar contra isso. Essa realidade, em termos de análise socialista, exige que pensemos e atuemos no sentido de criar as condições para que se passe do desgaste (que nós estamos presenciando), para o desmoronamento (que nós desejamos) da autocracia burguesa. E do desmoronamento devemos passar, finalmente, para a destruição, que é a necessidade histórica fundamental.

Para realizar esse processo de três momentos – desgaste, desmoronamento e destruição – são necessárias duas condições. Esse processo de três etapas depende de duas condições. Uma diz respeito às condições internas da luta de classes e a outra diz respeito às condições latino-americanas de luta contra as iniquidades do capitalismo monopolista. É claro que é preciso um avanço das classes subalternas, das classes despossuídas, das classes trabalhadoras, dos trabalhadores semilivres e, inclusive, de certos setores da sociedade civil que participam, ainda que como minorias instáveis e ambíguas, de comportamentos anticapitalistas (em suma, os conhecidos elementos das classes médias e das classes altas que cederam à crise de consciência e gravitam para o outro lado). Não são muitos, naturalmente, pois crise de consciência é um fenômeno subjetivo. Qualquer que seja a base material dessa crise, ela só cresce quando o processo se aprofunda. O que significa que as pessoas que têm crise de consciência com antecipação são "pioneiras"...

Agora nós temos que pensar na luta de classes em termos das pressões radicais de baixo para cima no Brasil de hoje. Nós temos que pôr um pouco de lado o Brasil de 1964. Parece que entre

1964 e 1978 só há uma distância de 14 anos. Mas não há uma distância de 14 anos, simbolicamente há uma distância de quase cinco séculos. O Brasil começou em 1500 e um pouquinho, nós temos um passado colonial, um passado neocolonial, um passado de capitalismo dependente. Todos esses planos históricos estão superpostos. Na história de um povo não conta só a força mais recente. Há uma acumulação de forças. Às vezes, não vemos o imbricamento, vemos as dissociações. Mas a ligação também existe e um proletariado, que não conseguiu continuidade, pode conservar forças que não são suspeitáveis, pode estabelecer conexões que não são representáveis. Em suma, os selos das várias gerações de "condenados da Terra" podem se fundir em dada época histórica, o que faz com que os "ajustamentos de contas", na história, em certas ocasiões, ganhem um significado transcendente (o que confere um poder tão criador às "grandes revoluções" e as localiza nas fases de agonia e de refluxo das "contrarrevoluções irreparáveis"). O Brasil do último quartel do século XX, ao que parece, não é o ponto final da história passada. Contudo, ele possui alguns dos atributos dessas épocas históricas decisivas, como ponto de partida da história futura, de uma história que não vai ser feita somente pela burguesia nem pela grande burguesia nacional nem pela grande burguesia estrangeira. Essa história vai ser feita na América Latina, por meio das pressões que vêm de baixo para cima. E temos de pensar este último quartel do século XX dentro do Brasil, não fora do Brasil. Nós temos várias formas de contestação e atrito, dentro da sociedade brasileira. A que chama mais atenção quase sempre é a estudantil, porque alcança uma dramatização muito grande. Outra, que chama atenção, é a que diz respeito à Igreja católica, porque a Igreja católica sempre foi tão reacionária que, quando um setor da Igreja avança, cria-se um problema, parece que penetramos na era do próprio fim do mundo. Existem, pois, várias formas de contestações, de conflito, de atrito etc. Todas elas são importantes, todas elas mostram a dificuldade de sobrevivência do capitalismo. Não se deve minimizar os conflitos que se dão nos diferentes estratos das classes possuidoras, porém, o conflito que deve atrair a nossa atenção é o conflito fundamental: é o conflito que põe o operário contra esse regime, é o conflito que aparece com grande explosividade de uma forma muito recente. Ele toma um significado dramático, porque o movimento operário, que parecia domesticado e pulverizado, de repente mostra que não estava. Parecia à reação uma serpente sem veneno. De repente, verifica-se que não é uma serpente, o problema é outro; é uma força, é uma força que não pode ser paralisada nem domesticada pelos "donos do poder". E é um movimento que está transcendendo ao sindicalismo e ao obreirismo. Nós vamos voltar a isso. Transcende ao sindicalismo, porque ele não luta apenas por medidas sindicais, embora o sindicato seja, por enquanto, o elemento mediador e não o partido. Não toma como ponto final de chegada o operário, porque ele transcende o operário à medida que luta pela transformação da sociedade e do Estado, de toda a sociedade e de todo o Estado. Nós vamos voltar a isso daqui a pouco.

Portanto, nós estamos diante de um processo que é um processo tardio – ele deveria ter aparecido antes (se não na década de 1910, pelo menos nas décadas que vão de 1940 a 1960). Ele não apareceu antes por quê? Porque a classe trabalhadora chegou a reunir condições materiais de classe, de uma maneira relativamente rápida, mas para parodiar Marx, em termos da situação brasileira do proletariado urbano, não reuniu todas as condições de uma classe. Por isso fracassou sucessivamente várias vezes, falhou várias vezes. Mas cada falha foi um momento de recomposição, de amadurecimento coletivo e de acumulação de forças. E é por isso que nós temos que pensar, no presente, em termos de um passado que não se desatou. Se a burguesia acumulou forças, a ponto de conquistar um Estado que pode ser utilizado inclusive para uma aliança autodefensiva com o imperialismo, o proletariado também cresceu, e as classes trabalhadoras, em geral, também cresceram, não importam os hiatos – esses hiatos existem e não devem ser ignorados – mas eles não são os fatores da história. O fator da história é a acumulação de forças sobre a qual se tem refletido muito pouco. Em geral, a história dos dominados não conta; um hábito cultivado pelos intelectuais e pelos "donos do poder". Não obstante, a presença das classes trabalhadoras na sociedade civil não parou de crescer e a participação numérica está se convertendo em fonte incontrolável de poder real e de dinamismos político-democráticos. Esse é o fenômeno marcante, um fenômeno morfológico, dinâmico e histórico. Não há burguesia que possa impedir que as classes trabalhadoras tenham uma presença morfológica maciça, porque o capital não pode se realizar sem o trabalho. Nessas condições, se o capitalismo alcança maiores proporções, a classe trabalhadora também alcança maiores proporções e a partir daí a história muda de qualidade. Não é possível, neste caso, comer a maçã e ficar sem o pecado. Agora essas classes trabalhadoras, que haviam sido mantidas sem participação, que haviam sido excluídas da história, que não tiveram voz política, de repente cobram tudo. É por isso que se transcende à situação da classe trabalhadora. Elas cobram e é preciso analisar esse fenômeno mais a fundo para ver o que elas estão cobrando (o que pretendo discutir na última parte da exposição).

Elas estão exigindo um novo acoplamento da sociedade civil à sociedade política, o que quer dizer que estão exigindo uma nova sociedade política. Não é nenhum setor avançado da burguesia, nenhum estrato burguês radical que está exigindo isso. É o setor operário que está exigindo – e não em seu nome, em nome de toda a nação. Portanto, esse avanço da história não está se dando por meio de um radicalismo burguês, ele está se dando por meio de uma pressão radical que vem de baixo para cima. E sobre isso nós temos que refletir maduramente, devidamente, se nós quisermos saber o que poderá acontecer com o socialismo no Brasil. E o que essa pressão radical de baixo para cima está exigindo é evidente. De um lado está exigindo o fim da democracia restrita, a democracia dos privilegiados, a democracia dos esclarecidos e dos iluminados, dos ultrapoderosos, que se constituiu ao longo do Império e graças ao escravismo. A democracia restrita que é a democracia da África do Sul ou da Rodésia. E que nós vivemos de forma dissimulada e mistificada. Essa democracia é que a referida pressão radical exige que acabe de uma vez, que aquela pressão busca exterminar. De outro lado, ela não é uma pressão "negativa", apenas destrutiva. Ela também é construtiva e na sua eclosão ela já envolve a exigência de uma democracia de participação ampliada. Não a democracia dos estratos radicais da classe média ou das classes dominantes, que podem traficar com o poder burguês consolidado. É a democracia para uma massa maior de cidadãos, ainda que esses cidadãos não sejam todos os cidadãos. Mas essa democracia já é a realidade que se configura como *in flux*. Isso vem de longe. Na queda do Estado Novo, especialmente em 1945 e 1946, parecia que essa transição seria consagrada. Não se consagrou. Parecia que a década de 1960 nos levaria lá. Não nos levou. Agora a mesma evolução reaparece. E reaparece por meio do quê? Por meio da pressão radical de baixo para cima, que toma um grande impulso apesar de toda a contenção, de toda a repressão, do fogo cruzado de uma ditadura em defensiva. Então a burguesia débil, que recusa, que vacila, que não quer ter uma democracia de participação ampliada, que enterra essa democracia em 1945-1946, em 1964 (para não se falar na década de 1920, em 1930 ou em 1937), "abre-se" apesar de sua cegueira política? A questão é outra! A pressão radical de baixo para cima se torna uma força histórica violenta, virulenta, e que irá crescer daqui pra frente. Ou se restabelecem todos os elementos desse regime ou haverá a passagem na outra direção. É por isso que a luta de classes está no centro desse processo. Se se quiser refletir em termos socialistas sobre a história do presente e do futuro, é preciso colocar a luta de classes no centro da história.

O segundo elemento para o qual pretendia chamar a atenção diz respeito às condições latino-americanas de luta contra as iniquidades do capitalismo monopolista, que exclui o povo da história em benefício de privilégios que são uns arcaicos e outros ultramodernos. É algo que liga passado colonial, passado neocolonial, toda a eclosão do capitalismo dependente, com o presente que nós estamos vivendo. Há privilégios que vêm do período medieval, que foram transferidos para a América Latina pela dominação portuguesa e espanhola. Eles não desapareceram, pois a estrutura "nacional" de poder surge preservando condições de produção herdadas do período colonial. Ainda temos formas de trabalho que são coloniais, apesar de tudo (apesar do desaparecimento da escravidão; apesar da implantação do capitalismo em muitas áreas do campo; apesar da irradiação de um capitalismo rural com grande massa tecnológica avançada etc.). Essa realidade vocês podem ver, em várias formas conhecidas e combatidas de produção existentes no meio rural. O próprio arrendamento origina formas de trabalho semilivres, de impregnação colonial e o salariato rural gravita dentro dessa categoria de relação entre o capital e o trabalho. O boia-fria, por sua vez, representa um momento de crise na transição do trabalho semilivre para o trabalho livre no campo. É por isso que o problema da expulsão do homem da terra, a marginalização do trabalhador agrícola e todo o dilema da criação de um mercado de trabalho nas áreas rurais dominam os conflitos no campo. Há privilégios arcaicos que sobrevivem por meio dessas formas de trabalho, absorvidas tanto pelos setores modernos quanto pelos ditos setores "oligárquicos" da nossa burguesia, do nosso capitalismo e das nações que satelizam e controlam o desenvolvimento econômico da América Latina (e do Brasil, em particular). Ao mesmo tempo, contamos com formas ultramodernas de exploração, ligadas à irradiação recente do capitalismo monopolista e de sua tecnologia. Ele exige a implantação de uma forma de rateio da exploração da mais-valia relativa, que não impõe apenas o salário baixo, requer uma tecnologia de exploração ultra-avançada do trabalho produtivo. É preciso refletir sobre isso. Quando se importa uma tecnologia adaptada às sociedades centrais, importam-se novas relações e conflitos de classes. Na América Latina, ou no Brasil em particular, essa tecnologia não só poupa a mão de obra, ela intensifica a exploração capitalista. Então, a taxa da mais-valia relativa se aprofunda e entra em cena um processo terrível de concentração e centralização do capital. Por suas características espoliativas, ele exigiu a implantação de um sistema repressivo especial; o medo de que a classe operária recorresse à greve de uma maneira selvagem ou que as populações pobres se insurgissem fomentaram a insegurança (que não é estritamente, uma insegurança nacional), que levou diretamente à imposição da ditadura. Portanto, há uma ligação entre iniquidades que se vinculam a privilégios muito arcaicos, muito velhos, e a outros privilégios muito recentes, muito modernos. Eles estão imbricados entre si. No contexto latino-americano, a revolução burguesa em atraso tira vitalidade dessa articulação entre formas de espoliação e de exploração. Umas são pré-capitalistas, subcapitalistas, outras são capitalistas e ultracapitalistas, todas, porém, puderam ser mantidas no circuito histórico graças a várias combinações do poder despótico ou oligárquico das classes capitalistas.

É claro que nós devemos excluir Cuba desse circuito. Ela representa a revolução em avanço. A revolução em avanço, na América Latina, é a revolução de Cuba, é a revolução socialista. A revolução burguesa é a revolução em atraso. Mas, graças a isso, a burguesia logrou evoluir na direção da industrialização maciça utilizando sua base material e social de poder para promover e fomentar a incorporação das economias latino-americanas nas economias centrais. Não é minha função discutir tudo isso aqui. Mas é preciso lembrar porque essa burguesia, que faz uma revolução em atraso, não tem força histórica para desatar a revolução nacional ou para chegar à revolução democrática por sua conta e por meio de iniciativas próprias. Ela está paralisada. De um lado, ela está paralisada pelos controles imperialistas; de outro lado, ela está paralisada pelo medo ao povo – especialmente, medo das classes trabalhadoras. Em consequência, ela só pode realizar papéis que aceleram o desenvolvimento econômico em benefício próprio e em benefício das burguesias centrais. Ela tem forças para manter sua dominação de classe e seu poder político-estatal. Mas ela não tem forças para enfrentar os problemas sociais ou os dilemas humanos da América Latina – porque, para isso, seria preciso desatar a revolução nacional e a revolução democrática, algo que as burguesias dependentes não podem fazer sem suscitar os riscos de uma evolução catastrófica.

Tudo isso cria uma realidade histórica nova para a América Latina. No passado, o chamado "nacionalismo" ou o chamado "patriotismo", isolavam as nações da América Latina umas das outras. Mesmo aquelas que nasceram em espaços que eram unificados foram pulverizadas pelos colonizadores do *indirect rule* do século XIX. Até essas nações se isolaram umas das outras. Hoje a força emergente na América Latina vai no sentido de unir. As pressões operárias, na América

Latina, tendem para uma linguagem comum. Na verdade, a realidade política é comum; as mesmas iniquidades devem ser combatidas em todas as partes, porque em todas as partes essas iniquidades têm o mesmo caráter – e quando há uma variação é sempre para pior (avaliem a gradação passando do Brasil para o Paraguai, do Paraguai para o Haiti ou do Haiti para o Chile). Portanto, nós não carecemos de duas teorias para avaliar a reviravolta socialista e não precisamos recorrer a uma linguagem muito forte. O confronto com a ditadura, no contexto histórico da América Latina (e do Brasil, em particular), significa um confronto entre classes possuidoras, que se tornaram reacionárias e contrarrevolucionárias, com classes trabalhadoras, que têm de ser fatalmente revolucionárias, ou dentro da ordem ou contra a ordem. De modo que as forças que criam a história nova são forças que lutam por uma democracia popular de natureza proletária e socialista. Não importa a distância que vai entre um momento e outro dessa evolução.

Dei tempo demais à primeira parte da exposição. Todavia, é a segunda parte que é mais importante para nós. Ela diz respeito às prioridades centrais a serem estabelecidas: o movimento socialista ou os partidos socialistas? Os dois são interdependentes. Sem os partidos nunca haverá educação socialista das massas e, portanto, nunca haverá movimento socialista. Isso porque o movimento socialista não se dá em abstrato; ele se dá concretamente, historicamente, de modo que não podemos ter o movimento socialista sem os partidos socialistas. Mas isso não quer dizer que a prioridade caiba linearmente aos partidos socialistas. Na situação em que nos encontramos, a prioridade é do movimento socialista. Ele traduz uma realidade comum, uma realidade que precisa ser criada historicamente, que precisa ter grande força, uma grande vitalidade. Estamos numa fase de germinação, de combustão inicial. As pressões das massas das classes trabalhadoras tomaram a dianteira sobre o movimento socialista. É curioso: quando se leem as análises de Lenin sobre 1905, na Rússia; de Trotsky, de Kautsky e de outros socialistas sobre o mesmo fenômeno, constata-se isso. Como o movimento espontâneo das massas às vezes corre na frente do movimento político organizado. Isso já ocorreu na América Latina e torna a ocorrer atualmente. O que quer dizer que há algo que precisa ser feito, até que pode ser feito rapidamente, pode ser feito em cinco, oito ou dez anos, dependendo dos ritmos da história e do poder relativo do proletariado. Também pode ser feito lentamente. Não se deve prefixar em quanto tempo isso será feito. Mas, de qualquer maneira, quanto à pressão radical de baixo para cima: ou ela é espontânea e se põe na frente; ou ela ainda é um reservatório que ainda não explodiu, mas que poderá explodir a qualquer momento. Tivemos o caso da revolução mexicana, que é para os sociólogos um caso ideal. Pode-se falar: olha, não havia regime de classes consolidado e desenvolvido lá, nenhuma condição objetiva de classe e muito menos de classe revolucionária. Contudo, houve uma oportunidade para aquela enorme massa de população em estado de pobreza absoluta; e aquela população aproveitou a fagulha, correu em direção da revolução. Se foi esmagada, isso aconteceu porque a revolução foi esmagada. Fala-se numa revolução contida, numa revolução traída, numa revolução prolongada. Pode-se usar as várias imagens; isso não muda o fato central: esse reservatório explosivo está espalhado por toda a América Latina – no Brasil, na Bolívia, no Peru, na Argentina, no Haiti, no México, como no passado, na Venezuela, no Chile, na Colômbia etc. Onde surgir a "oportunidade histórica", as massas estarão presentes, em qualquer momento. O centro, que vê a coisa com mais clareza, com mais espírito crítico, fica muito apreensivo diante do "imprevisível" na reação popular aos regimes despóticos. Apesar de recorrer a eles, quando "se torna inevitável", teme, mais que a burguesia da periferia, que o tiro saia pela culatra e o carro salte dos trilhos. Esse reservatório é um reservatório de grande potencialidade, e já não estamos mais em um momento histórico no qual tal potencialidade era algo indefinido.

Em vários países da América Latina já se pode falar na emergência das classes trabalhadoras em termos de condições que se aproximam da formulação clássica – a classe trabalhadora em si e para si. Ainda nos encontramos na passagem para esse "para si", ainda estamos evoluindo nessa direção, praticamente dando o passo decisivo. O que não impede que algo novo já esteja acontecendo. Não vai acontecer; está acontecendo! E só depois que isso acontecer é que o partido poderá ganhar o centro do palco. Enquanto as classes trabalhadoras não derem esse salto, o movimento socialista ficará no centro do palco; depois caberá ao partido a centralização do poder e dele dependerá a própria dinâmica do movimento. É que por ele terá de passar, também, o uso concentrado e institucionalizado do poder, em termos de opções de massas e do sentido da luta política do proletariado.

Podemos passar, agora, para uma segunda questão. Vocês poderiam indagar se este é um desafio histórico e um desafio histórico difícil. É claro que é ambas as coisas. Não estou querendo simplificar realidades, pintar um quadro róseo. Mas é típico dos socialistas lançar-se para a frente, na direção do futuro e do modo de conquistá-lo. Temos, não obstante, de nos engajar. Se o movimento socialista está na frente, por enquanto, ele exige algo de todos nós, uma tática política, qualquer que seja a nossa posição. Podemos ser gradualistas, reformistas; podemos ser revolucionários, até ultrarrevolucionários; pacientes ou impacientes. Podemos até pensar que as nossas ideias criam a história, podemos pensar o que quisermos. Mas qualquer que seja o nosso grau de paciência ou de impaciência, o movimento está na frente e ele exige de todos que a definição intransigente do inimigo seja uma definição correta. O inimigo comum tem que ser o inimigo de classe, não o inimigo "ideológico", os que estão no e dentro do mesmo movimento! Não se devem hostilizar os que estão nas mesmas fileiras. Devemos aprender a conviver uns com os outros, por mais difícil que isso seja como aprendizado, por mais difícil que isso seja em termos de conciliação de visões de mundo. Achamo-nos em uma fase, em que é necessário definir o inimigo de classe corretamente e lutar contra ele e não favorecer o inimigo de classe em nome de uma defesa dita "democrática" do socialismo, que é uma defesa não democrática, da dominação burguesa, do imperialismo e da autocracia. Por isso, é necessário pôr o dogmatismo e o sectarismo sob quarentena, refletir sobre essas coisas, de maneira crítica. Se nós não fizermos a luta certa, as forças do capitalismo usarão a dos socialistas dissidentes contra a revolução, para enfraquecer as classes trabalhadoras, destruir os partidos operários e impedir a revolução política do proletariado! A tática de desunião e de conflito interno só tem dividido o movimento socialista e lançado uns contra outros, enfraquecendo o movimento socialista e condenando os partidos socialistas à gravitação burguesa. Ainda não chegou a hora em que a luta intestina, dentro do campo socialista, possa fortalecer os socialistas, dar a dianteira aos que possuem as palavras de ordem seguidas pelas massas. Essa hora vai chegar. Afinal de contas, não seria eu que iria dizer, aqui, que é preciso se dar prioridade ao movimento e não ao partido se essa hora não se delineasse no horizonte. É preciso pensar no que é comum e, depois, paralelamente ao fortalecimento prévio, pensar no que é específico de cada um. Agora, por que devemos pensar tão prioritariamente sobre isso? Porque até hoje os movimentos socialistas foram utilizados pela burguesia como instrumento seu, o socialismo foi uma alternativa do radicalismo burguês no passado (mesmo no passado mais recente), graças à manipulação dos movimentos de massa e inclusive da esquerda ultrarradical em termos da defesa da ordem capitalista (ao se pretender dissociar "burguesia nacional" e "imperialismo", fortalece-se a ambos, pois eles não são separáveis sob o capitalismo dependente). Uma vez, em Toronto, queriam saber o que era a esquerda na América Latina. Disse-lhes: embora seja dramático, para mim, a esquerda na América Latina é uma congérie de grupos políticos empenhados em se destruírem reciprocamente e em manter o sistema de poder das burguesias nacionais e do imperialismo. Essa é uma definição dolorosa, mas clara e sem subterfúgios. Isso precisa acabar e para que isso acabe é necessário que a prioridade passe ao movimento e com isso se unam as forças sociais que exprimem os interesses das massas populares, das classes trabalhadoras, dos trabalhadores semilivres do campo e das cidades, e mesmo dos setores dissidentes da pequena, da média e da alta burguesia. É preciso que essas forças sociais sejam capazes de se unificar, de se articular, de adquirirem unidade de direção. Ora, nenhuma unidade poderá ser lograda sem que o movimento tenha prioridade. É claro, a força da burguesia nas crises das décadas de 1960 e 1970 resultou de sua capacidade de unificação: os setores mais reacionários impuseram a contrarrevolução à massa da burguesia e conquistaram uma vitória cruel. Os socialistas precisam palmilhar o mesmo caminho, primeiro, para alargarem por dentro a ordem burguesa; em seguida, para lutar pela conquista do poder e pela revolução política. Não há alternativa: ditadura (burguesa) ou revolução (proletária e, por isso, socialista).

Se nós quisermos evitar o que aconteceu no Chile, em ponto grande, o que aconteceu na Argentina e no Brasil, em ponto pequeno, nós temos de superar a presente fragmentação, ambiguidade e ambivalência. Temos de fazer isso sem concessões – sem concessões à contrarrevolução e sem concessões a uma pseudodemocracia burguesa, que nunca existiu nem irá existir na América Latina. Nós temos de fazer isso compreendendo objetivamente quais são os alvos comuns do socialismo reformista e gradualista e do socialismo revolucionário. Eles possuem elementos comuns, que são intrínsecos ao próprio socialismo. Os elementos comuns justificam algum sacrifício. Se não se pode rezar uma missa solene, paciência! Em nome do que é comum ao socialismo se pode, pelo menos, travar uma batalha séria e sem quartel. Depois que se fizer isso e à medida que se tiver êxito, as condições se modificarão, as próprias decisões da maioria tenderão a alcançar uma influência maior sobre o conjunto do movimento socialista, irão determinar as tomadas de diretrizes, o que deverão ser os partidos, qual a importância relativa dos respectivos partidos em termos da influência nas massas e o que cada partido terá que fazer para saturar posições de liderança nos processos reformistas ou revolucionários. Primeiro essa unificação. Depois, uma importância maior das massas, uma influência diferenciadora maior das massas sobre o movimento socialista. Só então haverá um campo propício para se pensar na importância relativa dos partidos em termos de opções ideológicas e políticas que variem de uns para os outros, que entrem em conflito mais ou menos irremediável. Porque aí a luta dentro do socialismo será construtiva e necessária (como nos sugere o que ocorreu no seio da social-democracia russa no início do século). Ela não enfraquecerá, porque será uma luta para definir meios e fins, pela qual o socialismo reformista e o socialismo revolucionário responderão às suas tarefas históricas. Aí, realmente, o socialismo estará destruindo o capitalismo e se construindo.

É dessa perspectiva que temos de avaliar a falsa discussão da via democrática do socialismo. Não existe uma via democrática antes que nós atinjamos uma grande massa da população. Deixando de lado as questões da "democracia interna" e do "centralismo democrático", se o movimento socialista tiver que decidir por uma opção democrática, isso terá de ser feito depois e não antes da tomada do poder. Fala-se muito em "socialismo democrático" em termos de uma grandeza histórica, de alguma coisa absoluta, metafísica. Ora, está se falando pura e simplesmente em manter a burguesia no poder. Qual é a burguesia que abre o seu Estado, que abre a democracia constitucional e representativa para a conquista do poder pelas classes trabalhadoras? Onde está ela? Nos Estados Unidos? Na França,

Itália, Inglaterra, na Alemanha? Não existe essa burguesia! Portanto, precisamos acabar com essa ideia falsa e mistificadora de que há um caminho democrático, absoluto e sem o qual a gente enterraria todo o socialismo. O caminho democrático se delineia depois da tomada do poder e só se luta por socialismo democrático quando se defendem condições democráticas de realização do socialismo. Essa luta se realiza depois e impregna a revolução socialista.

Essa tática, que mencionei aqui, minimiza as funções dos partidos? Ao contrário! Os partidos socialistas têm de existir, pois sem eles não vai haver nenhum movimento socialista. E eles têm de existir, na legalidade ou na ilegalidade. Se a legalidade nega espaço político para os partidos socialistas, esses, mesmo que sejam reformistas, precisam optar pela existência na ilegalidade. Eles não podem se contentar em ser o rabo do foguete do PMDB. Eles não podem se metamorfosear em um carro de enredo dos "autênticos". Não há imaginação que admita isso! Na verdade, os partidos têm funções e essas funções só podem ser saturadas pelos partidos. O que está em discussão é uma tática gradual de saturação dessas funções. Se o movimento socialista é fraco – e ele é fraco, para não dizer inexistente – nós não podemos pensar em tirar o partido socialista do nada. Os partidos socialistas têm que partir do ponto zero, pela criação de um espaço democrático dentro da sociedade capitalista. Um espaço democrático verdadeiro, um espaço democrático para as classes trabalhadoras, no qual, por meio dos conflitos da classe contra a burguesia e contra o capitalismo, por reformas anticapitalistas, por revolução dentro da ordem e mais tarde por revolução contra a ordem, o movimento socialista e partidos socialistas se consolidem mutuamente. Achamo-nos de novo em uma etapa inicial. Querer partir desde já para a "luta final" poderá facilitar a vitória de quem tem o poder nas mãos e pode, inclusive, recorrer à "democracia relativa" para paralisar tanto a luta de classes, quanto o movimento político do proletariado. Portanto, não se deve pôr o carro adiante dos bois. Por idealismo, voluntarismo, impaciência, seja lá pelo que for, muitas vezes pensa-se em "acelerar a história" e em "queimar etapas". Se nós pensamos em luta de classes e em revolução política do proletariado, nós temos de pensar em poder relativo das classes, poder real das classes, no confronto concreto de umas contra as outras, na luta pela conquista do poder do Estado, na luta pela determinação do caráter do Estado. Um Estado capitalista, um Estado popular, proletário, um Estado realmente democrático pela e para a maioria etc. Tudo isso se determina em termos reais; de poder real, não poder fictício, poder abstrato. Se se reflete sobre isso, a luta política contra a ordem imperante na sociedade capitalista é conquistada palmo a palmo. Não há conquista abrupta, de um único salto. Não se trata de aventureirismo: "Meto os peitos e avanço". Quem "mete os peitos" arrisca--se a receber o tiro pela culatra. Essa é a realidade. Não pretendo ceder à fantasia. Virá o dia da avalanche, mas a avalanche não vem como um prêmio, não é presente de papai-noel nem sorte grande na loteria esportiva. Ela é produto de uma acumulação de forças e, quando a luta de classes atinge um ápice, a avalanche se cria primeiro espontaneamente, depois organizadamente e, por fim, ela poderá minar e destruir a sociedade de classes, construir o socialismo. Mas não podemos partir da avalanche. Se partirmos da avalanche, arriscamo-nos a nos destruir. O terreno tem que ser conquistado assim, de uma forma paciente, sólida, organizada. Luta tenaz, pois se trata de uma luta contra um inimigo que sabe o que perde, solidamente entrincheirado, que luta tenazmente. A burguesia da América Latina tem lutado e, quando preciso, apela para a burguesia internacional e seu poderio militar. Ela perde os anéis mas não perde os dedos. Isso é importante. É preciso reter essa imagem. Ela é tenaz, é uma burguesia que, se não possui condições para enfrentar seus papéis históricos construtivos, dispõe de condições para enfrentar seus papéis históricos negativos e conta com coragem para fazer isso. Em 1964, por exemplo, ela se preparara para a guerra civil aqui. Não fomos à guerra civil porque não houve confronto armado. Do ponto de vista dos estratos hegemônicos das classes privilegiadas isso foi uma pena, pois o confronto armado permitiria levar a contrarrevolução muito mais longe e muito mais fundo. A "esquerda" não se preparou porque ficara na bazófia, uma bazófia que precisa terminar. Portanto, é preciso reconquistar e consolidar o terreno por meio de ziguezagues. O ziguezague faz parte de uma evolução política proletária. A classe dominada não pode avançar como se tudo estivesse a seu favor. Tudo está a favor da burguesia no plano nacional e no internacional. Para as classes dominadas, tudo é contado em termos de destruição, de solapamento e a primeira coisa a fazer consiste em vencer essa resistência, esse solapamento.

De modo que o avanço de uma direção a outra é gradual, é lento e, à medida que o avanço se dá, a saliência do partido se impõe, o partido predomina e ele passa a determinar não mais o que é comum no movimento socialista, mas o que é e precisa ser variável, o que pode ser escolhido, o que representam as opções intransigentes e irredutíveis de maiorias consolidadas. Aí, então, as definições dos partidos encarnam as opções dessa maioria. As correntes vitoriosas decidem que ideais socialistas devem prevalecer e os rumos que devem ser imprimidos à luta pela conquista do poder.

Tudo isso evoca a questão das alianças de classe. Trata-se de uma questão delicada. Pelo que falamos até agora, nós temos que perguntar de uma maneira crítica, direta, cruel, quem quer a aliança? Quem e para quê? Quem quer aliar-se com quem e por quê? A quem vai beneficiar a aliança? Quando dizemos que se deve dar prioridade ao movimento socialista, pensamos em conferir prioridade para a construção de um espaço político que é necessário para o aparecimento de pressões radicais populares e proletárias. Na verdade, colocamos em primeiro plano a prioridade das classes trabalhadoras, das suas necessidades de organização para a luta política. Estamos dando prioridade à luta de classes, não à aliança de classes. Nós poderíamos dizer que, onde o radicalismo burguês possui validade, tem consistência e é viável, as pressões de cima para baixo abrem espaço político para as classes intermediárias e, inclusive para as classes subalternas. Daí resulta um padrão histórico de revolução nacional e de revolução democrática útil às classes possuidoras, nos seus diferentes estratos, e também para as classes despossuídas. Porém, essa é a realidade histórica da América Latina, essa é a realidade histórica do Brasil? É claro que não é! Então não se pode privilegiar a aliança com as outras classes, colocar a aliança acima da força da classe que pode realizar e comandar o impulso radical de transformação da sociedade de baixo para cima.

Toda aliança de classe traduz uma debilidade pelo menos tática e transitória. Reflete uma situação de fraqueza. Ora, se estamos diante de uma sociedade burguesa que possui um espaço político democrático acessível às classes trabalhadoras, essa fraqueza é visível, compensada e se justifica. Pode-se dizer que a aliança cria alguma coisa em termos de avanços possíveis em direção ao alargamento progressivo da ordem existente. Quando nós pensamos a partir da América Latina dentro de uma situação concreta, concreta como a que impera no Brasil, o que as classes trabalhadoras ganham quando elas cedem, o que elas ganham quando convertem os fins da burguesia em seus próprios fins? Quem está cedendo o que em nome das classes trabalhadoras? Esta é a pergunta central. Ora, nós não podemos ter ilusões constitucionais. Essa frase é célebre porque Lenin (repetindo Marx) a aplicou a uma situação típica. Nós não podemos alimentar a esperança de que o anti-imperialismo, por si só, desperte uma burguesia tímida, reacionária e retrógrada, que não tem coragem de enfrentar a revolução nacional e a revolução democrática; que prefere, de modo tenaz, a aliança com o imperialismo, quaisquer que sejam as consequências para o futuro da nação; e que esmaga as classes trabalhadoras e o povo em benefício de privilégios iníquos e desse pró-imperialismo cego. Uma burguesia que cede quando as classes trabalhadoras pressionam um pouquinho e que recorre à contrarrevolução quando as classes trabalhadoras pressionam mais forte. Nós observamos essa oscilação recentemente. Vimos os empresários dizerem: "Oh, que beleza!

Os operários afinal de contas aprenderam a dançar! 1964 valeu a pena. Os operários já sabem qual é o lugar deles". Quando o fluxo da pressão operária ressurgiu, elogiaram o Lula e converteram-no no paradigma do "comportamento operário realista". Ao descobrirem qual era a lógica política da orientação do Lula, mudaram de opinião. Ele deixou de ser o herói da "grande imprensa liberal". Pudera! Ele não correspondia à imagem do "operário cordial" e sabia como tocar a autonomia do movimento sindical para a frente.

Outros líderes sindicais da mesma qualidade ou envergadura não são mais um mito. Por quê? Uma burguesia que se alia ao imperialismo e divide com ele o poder de seu Estado nacional não faz alianças de classe com o proletariado e tampouco absorve suas pressões radicais. Ela só conhece uma linguagem: a da força (que ela respeita nas nações capitalistas hegemônicas e em sua superpotência). É por aí, embora com prudência e maturidade política, que as classes trabalhadoras devem se afirmar. Pensar que uma aliança com tais setores é uma aliança que cria uma compensação, que "abre espaço democrático dentro da ordem", é uma ilusão. Só se abre espaço dentro da ordem por meio de uma pressão de baixo para cima. A alternativa da pressão de cima para baixo foi frustrada muitas vezes, em ocasiões diferentes, de uma maneira cruel e em todos os países da América Latina. Não há como negar isso, não há como fechar os olhos à ação política da burguesia quando ela se comporta como uma massa reacionária.

No quadro da Primeira Guerra Mundial, seria possível manter essa ideia, implícita à ilusão constitucional, de que por meio da democracia burguesa se poderia abrir espaço para as classes subalternas. Em termos do pós-Segunda Guerra Mundial, em termos do que se criou em escala universal sob a guerra fria e a defesa selvagem do capitalismo, nos dias que correm, não se pode mais manter nem a ilusão constitucional nem a ideia de que a pressão de cima para baixo abre espaço político para as classes subalternas. Especialmente se essas classes subalternas não podem ser drenadas e esvaziadas de conteúdo revolucionário de uma maneira segura. Se o dreno pudesse funcionar a contento da burguesia e do imperialismo, não haveria perigo. O consumo de massa geraria condições para diluir as pressões e, em médio prazo, todas as possíveis pressões de baixo para cima seriam manipuladas e neutralizadas. Como o dreno não pode operar, a contento, nas situações latino-americanas, o capital perdeu sua eficácia. Quando os dramas são tão pungentes e atingem uma maioria tão maciça, o capitalismo torna-se impotente; não que ele não possa resolver tais dramas – o que ele não pode é resolvê-los na escala requerida e em limites de tempo tão curtos! Quanto custaria? Nesse caso, seria melhor "financiar" o socialismo, fazer as corporações negociarem com o Estado para gerar um capitalismo de Estado *sui generis*, dotado de múltiplas funções de legitimação e, também, de cooptação do movimento socialista e de corrupção do próprio socialismo. Portanto, o capitalismo não possui eficácia para resolver os problemas latino-americanos na escala e segundo os ritmos em que seria necessário fazê-lo. E nós temos que nos defrontar com essa realidade extrema. As burguesias fracas, além de corrompidas pela reação, não podem fazer alianças para abrir espaço, para apressar a liberação das pressões radicais de baixo para cima. Quando ela faz alianças é para se fortalecer – e ela faz aliança tanto com o imperialismo quanto com o povo para se fortalecer – e não para fortalecer a "democracia". Ela se fortalece e, ao mesmo tempo, sufoca a rebelião popular e a luta pela autonomia política do proletariado.

Há ainda, uma última questão importante. Quando se dá prioridade ao movimento socialista, estamos com isso debilitando os partidos socialistas? É claro que não! Desde que surja um espaço político comum e que ele seja respeitado e possa crescer – é claro que cada partido socialista pode explorar esse espaço de uma forma crescente em termos de sua viabilidade, de sua variabilidade e de sua versatilidade. É claro que esse espaço, ao crescer, aumenta a liberdade dos partidos socialistas se realizarem; ele não limita essa liberdade, ele não a constrange. Aliás, o espaço comum não tem um fim específico, não se destina a alimentar o fluxo de desenvolvimento de uns partidos socialistas e a sufocar o de outros. De modo que o movimento não pode ser visto como uma arapuca; ele não nasce para destruir o socialismo; ao contrário, ele surge e vigora como fator de vitalidade, de versatilidade e de flexibilidade dos partidos. Ele não deve envolver concessões para um "crescimento rápido do socialismo". O crescimento do socialismo é lento. Ele pode ser relativamente rápido só em condições muito especiais, que não se repetem com frequência na história. Quando se observa que em 1905 a contrarrevolução venceu e em 1917 a revolução proletária venceu, se é forçado a admitir que alguma coisa aconteceu de uma maneira muito rápida. Mas a análise revela que não foi tão rápido, mas relativamente rápido, dada as condições da Rússia e do mundo. Nas condições da América Latina e do mundo atual, uma rapidez semelhante terá de depender do aparecimento de certas condições de universalização da revolução socialista, das quais, infelizmente, ainda estamos muito longe.

Também não se deve ter uma confiança em "milagres", porque em política – especialmente política contra a ordem existente, contra a ordem capitalista – não há milagres. A luta permanente, engajada, terrível (como na Rússia, na China ou mesmo em Cuba) continua a ser a única receita acessível. Depois da tomada do poder pela via legal, depois de tudo, veja-se o que ocorreu no Chile... De modo que o essencial é atacar corretamente o inimigo comum, o inimigo de classe, e converter as pressões espontâneas contra a ordem existente em pressões organizadas. Esses são os dois objetivos centrais do movimento socialista, visto com prioridade. Luta concreta contra o inimigo comum e, de outro lado, luta para converter as pressões de baixo para cima em forças políticas revolucionárias atuantes.

É preciso principalmente pensar muito sobre isso: o anticapitalismo não leva, em si e por si mesmo, ao socialismo. Se tal coisa fosse verdade (trata-se de uma imagem muito explorada), na década de 1960, teria ocorrido uma revolução socialista em vários países da Europa e nos Estados Unidos. Deixado a si mesmo, o anticapitalismo não levou a nada. Conduziu ao fortalecimento da direita em toda a parte. Direita da direita, direita do centro, direita da esquerda. Em toda a parte a direita venceu, graças e por meio do anticapitalismo. Então é preciso pensar concretamente não só em termos anticapitalistas, mas também em termos de socialismo – e especialmente do socialismo revolucionário – para se organizar concretamente o processo. E vejam bem, é preciso não ignorar que a hegemonia da classe dominante na América Latina não tem só uma escala nacional, ela tem uma escala mundial.

O imperialismo está envolvido nisso; está envolvido até a raiz dos cabelos, não há como envolvê-lo mais. Se vocês se iludem, lembrem da Guatemala, lembrem da República Dominicana, lembrem do Chile, para não falar em outros casos como os do Brasil, da Argentina, do Uruguai etc. Uma evolução precipitada a partir de fora, mas organizada a partir de dentro, a partir de uma contrarrevolução. Portanto, se quisermos realmente relacionar espaço político comum com uma revolução democrática controlada a partir de baixo e a partir de dentro, nós temos que converter o movimento socialista nos nervos do processo. E à medida que isso acontecer, o processo ganhará nova envergadura e nova força. Poderão surgir, ao mesmo tempo, condições para a passagem do socialismo reformista ao socialismo revolucionário. Essa oscilação é inevitável e devemos estar inteiramente maduros e preparados para conduzi-la.